AF452759

COLLECTION DE VASES

INVENTÉS, ET DESSINÉS.

PAR M.^R DE FONTANIEU.

INTENDANT ET CONTRÔLEUR GÉNÉ.^{RAL}

DES MEUBLES DE LA COURONNE.

Cette Collection a été faite, pour Servir aux Tourneurs et à Ceux qui Ornent les Vases, Comme Fondeurs et Ciseleurs, &c. en 1770.

Sire,

Les Bontés avec lesquelles Votre Majesté a bien voulu regarder les Ouvrages de Tour que j'ai eu l'honneur de lui présenter, ainsi que la Permission que vous m'avéz Accordée de vous Offrir cette nouvelle Collection, m'a encouragé à l'exposer sous vos yeux; J'aurai rempli tous mes Voeux, si ce Recueil peut vous plaire et vous prouver le zele qui anime sans cesse.

Le plus Respectueux et le plus soumis de vos Sujets,

Fontanieu.

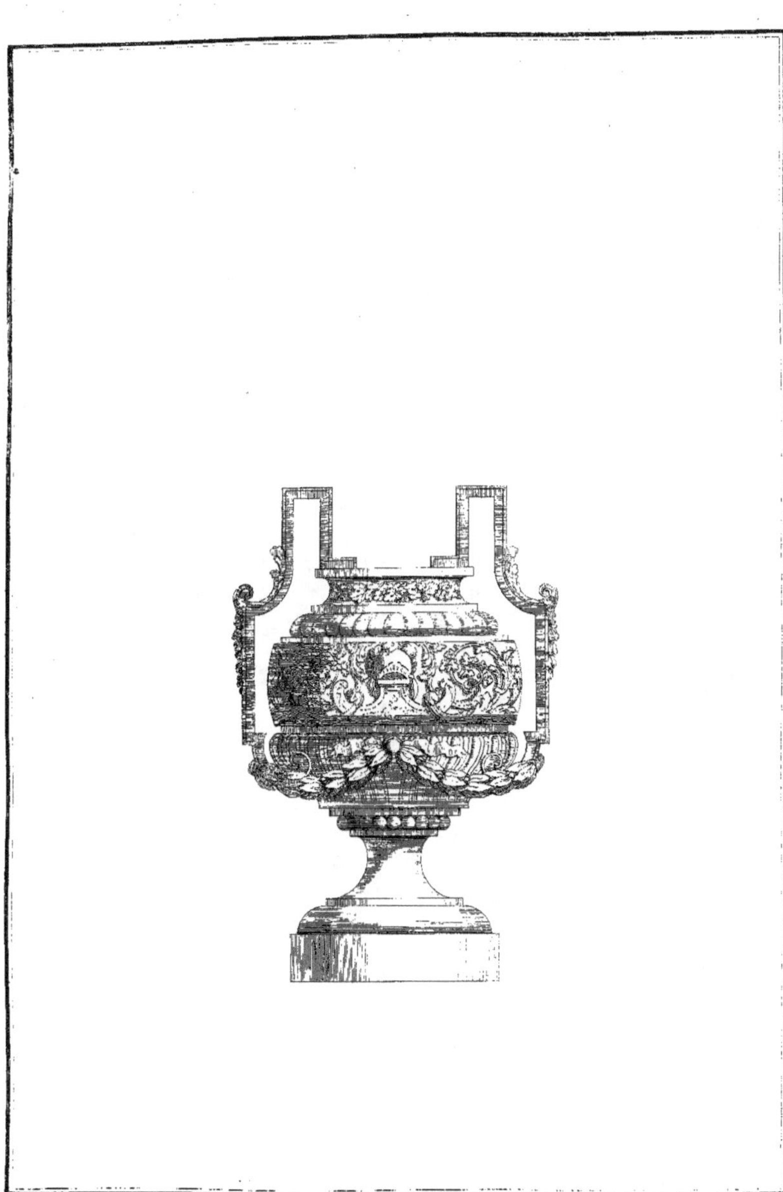

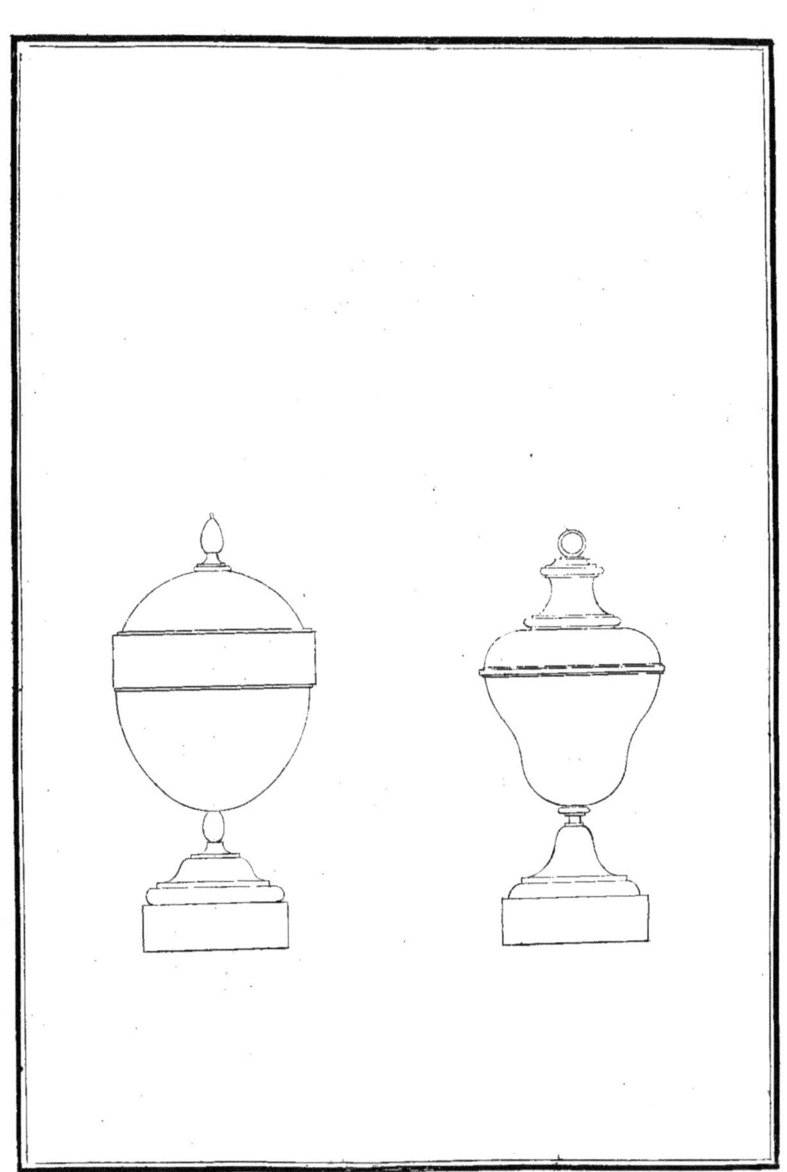

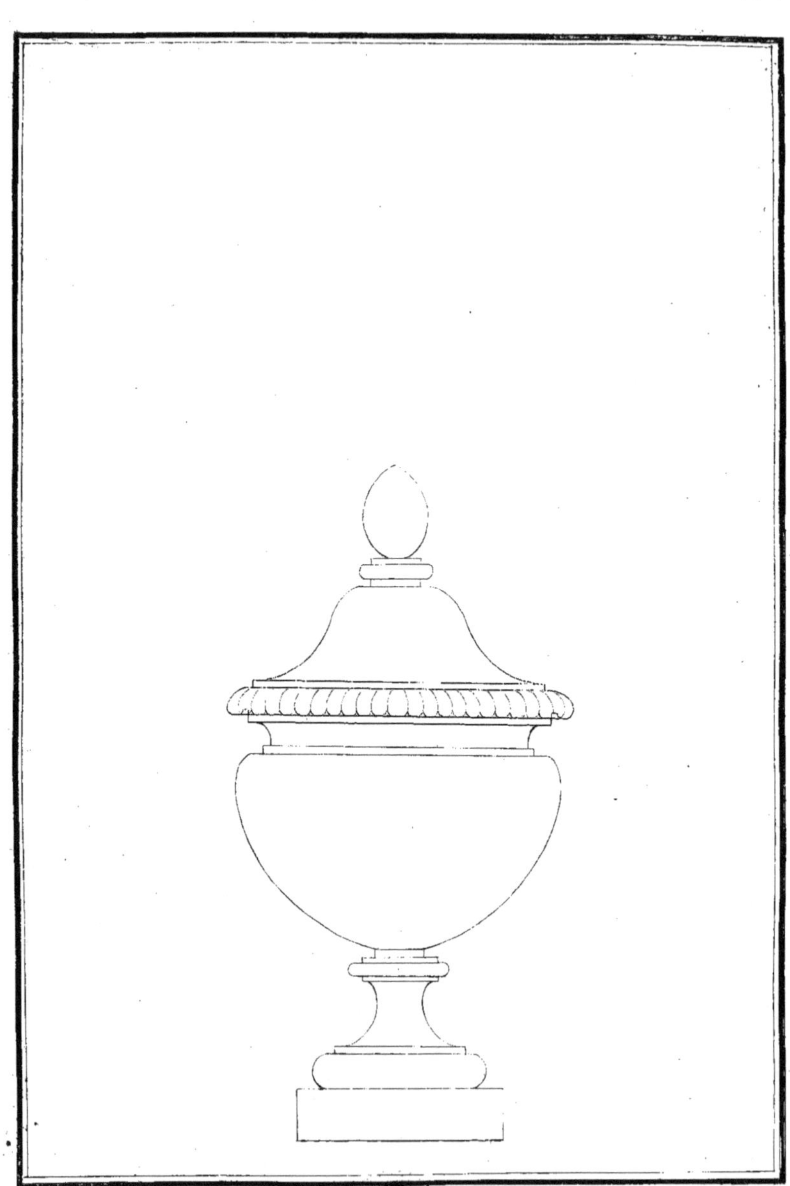

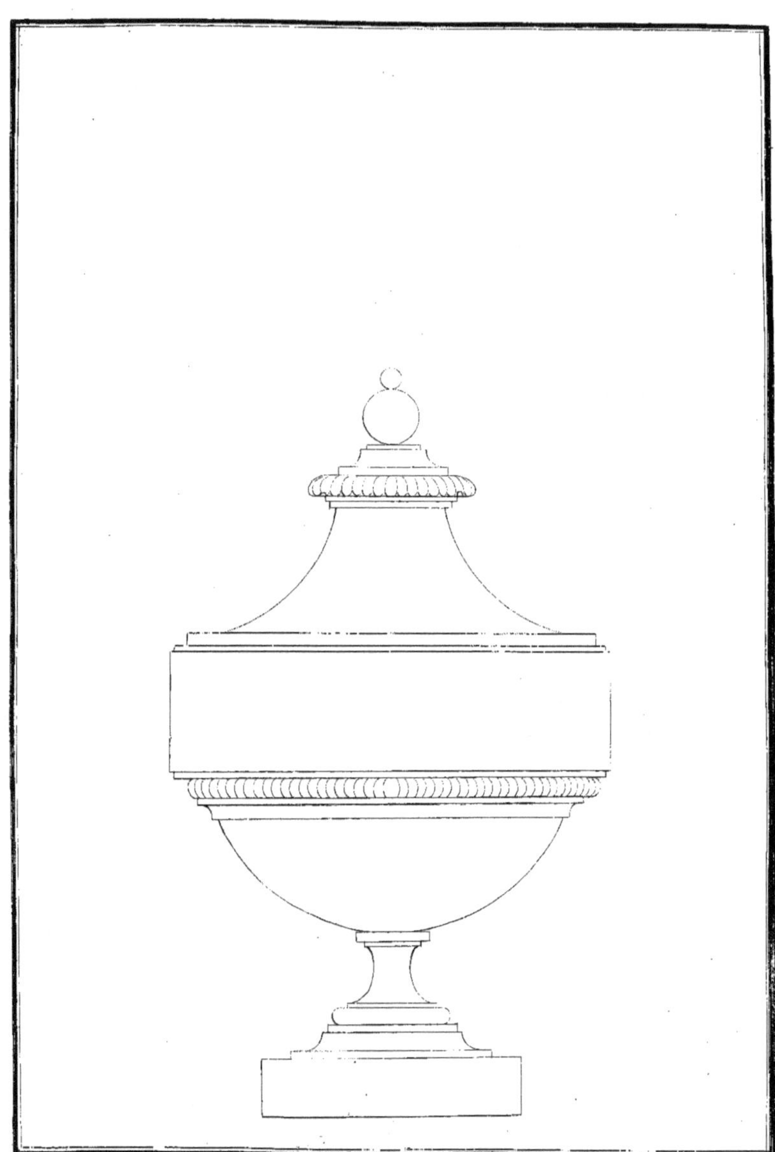

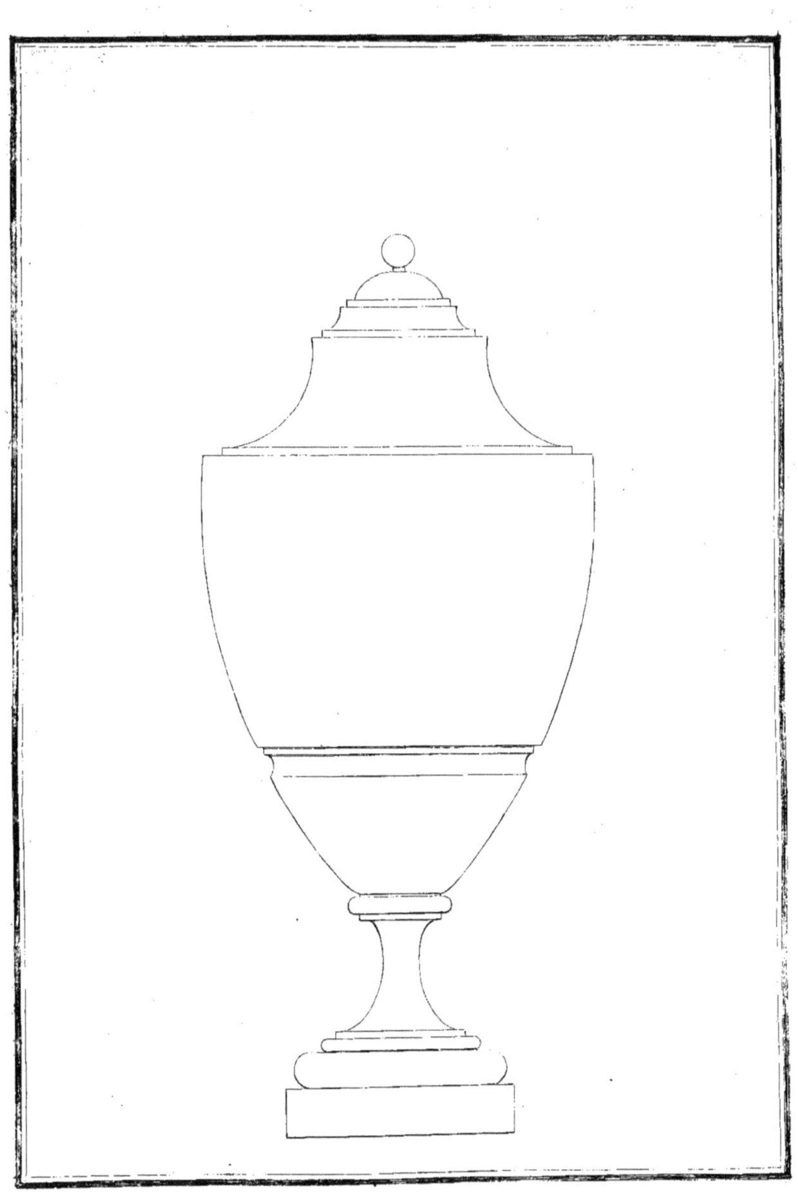

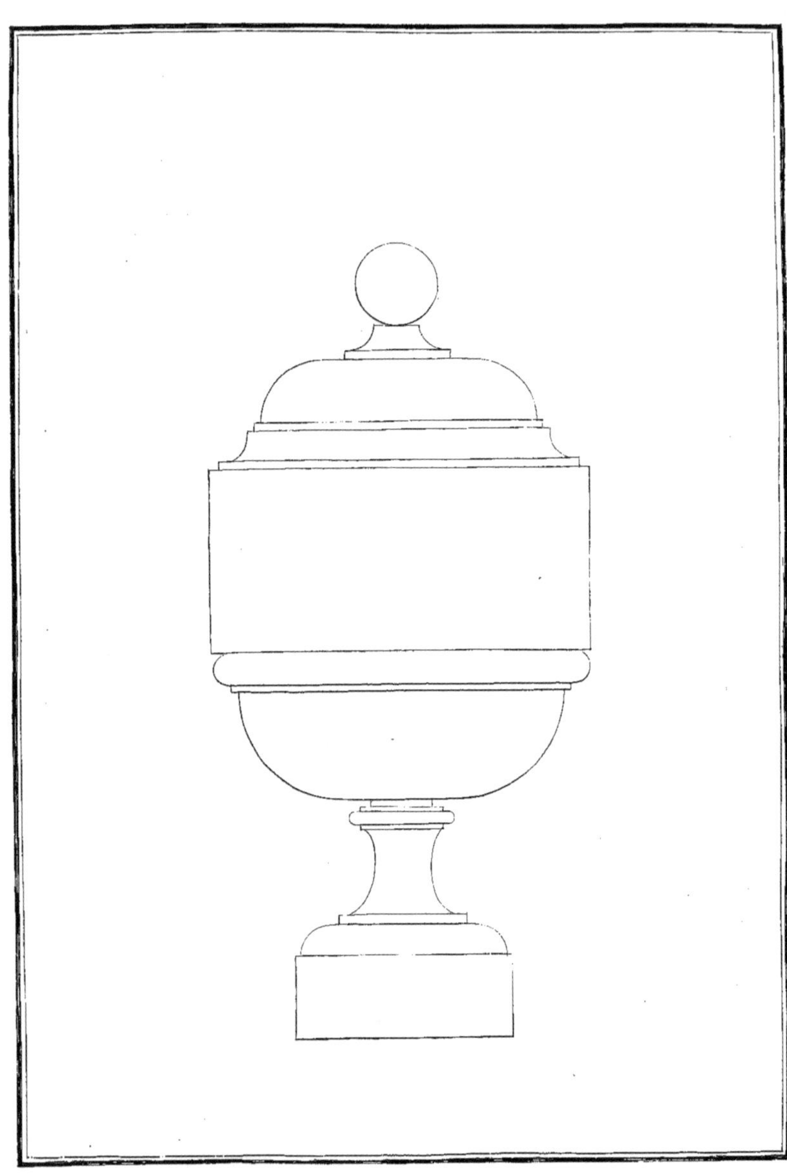

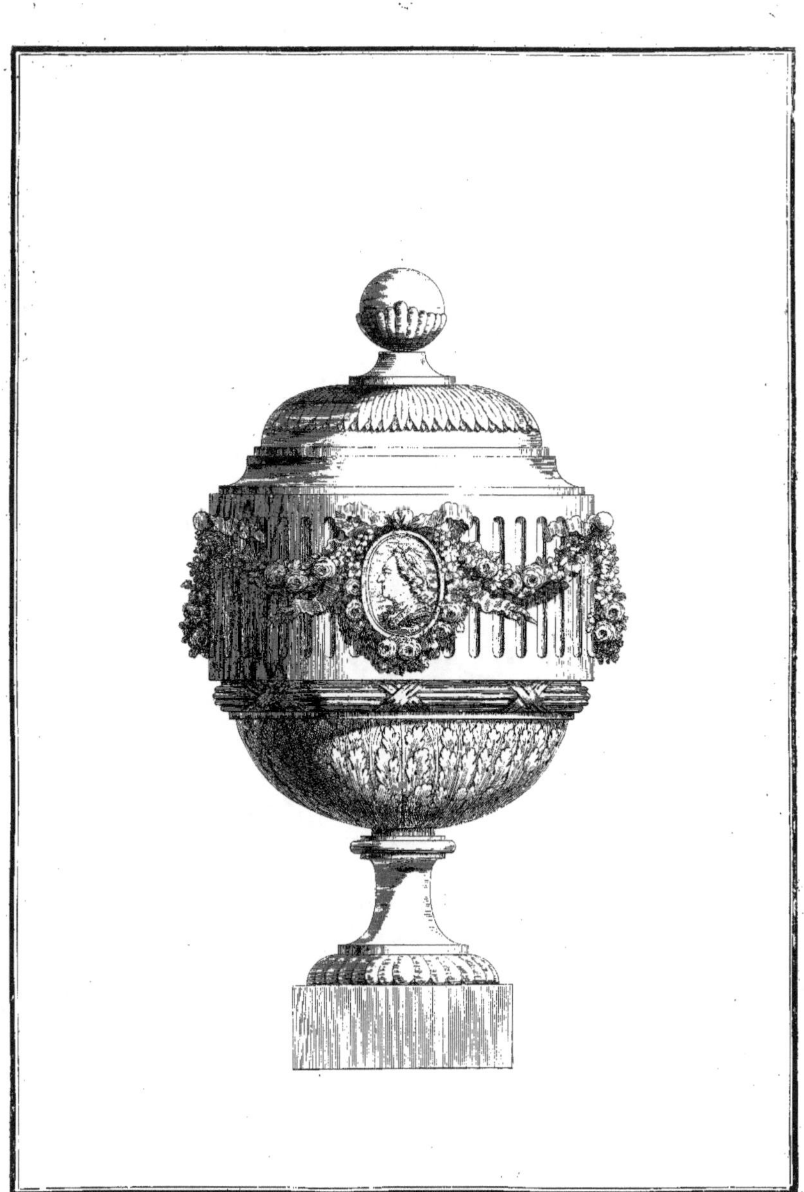

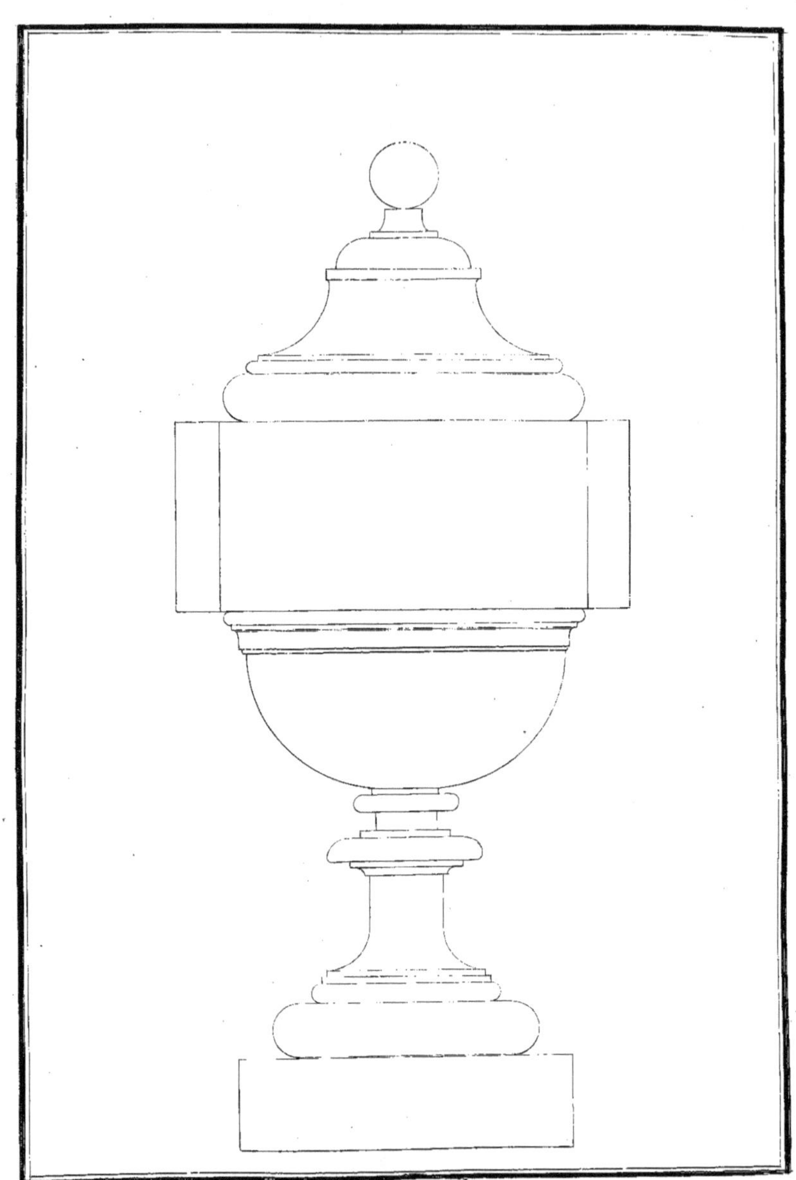

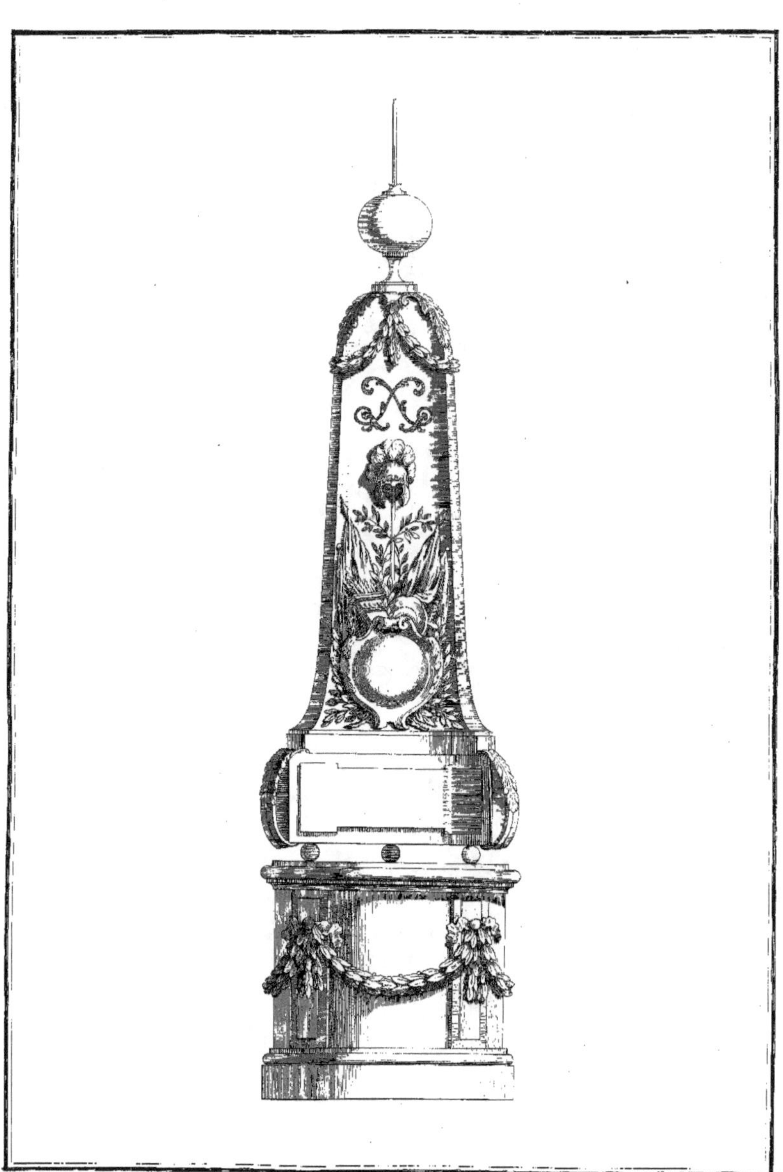